Kreatives und künstlerisches Gestalten in Freizeit und Beruf –
dafür steht der Name CHRISTOPHORUS seit mehr als 30 Jahren.
Jedes CHRISTOPHORUS-BUCH ist mit viel Sorgfalt erarbeitet:
Damit Sie Spaß und Erfolg beim Gestalten haben –
und Freude an unverwechselbaren Ergebnissen.

Erika Bock, Monika Fischer, Gudrun Hettinger, Monica Hill, Ingrid Moras

# Tontopf-Figuren rund ums Jahr

CHRISTOPHORUS

MIT VORLAGEN
IN ORIGINALGRÖSSE

# Inhalt


7 **Figuren aus Tontöpfen**

8 **So gehts**

## Frühling

12 Osterhasen
14 Hennen & Enten
16 Ostergrüße
18 Hühner
20 Blumenstecker
22 Blumenjunge mit Hund
24 Gärtnerin

## Sommer

26 Kantenhocker
28 Herz-Wichtel
30 Klangspiele
32 Spieluhren
34 Leuchtturm
36 Schnecke

## Herbst

38 Nachtwächter
40 Wichtel mit Katze
42 Eule
44 Halloween
46 Hexe
48 Grusel-Skelett
50 Geisterzeit

## Winter

52 Im Schnee
54 Winterzeit
56 Weihnachtszeit
58 Räuchermännchen
60 Pinguine
62 Schneemann
64 Engelchen
66 Viel Glück

68 **Vorlagen**

# Figuren aus Tontöpfen

*Egal ob mini oder riesengroß – hier finden Sie die schönsten Figuren aus Tontöpfen rund ums Jahr.*
*Im Frühling schmücken Hasen, Hühner sowie Gärtner und Gärtnerin Tisch und Fensterbank.*
*Ein Leuchtturm im Garten zeigt im Sommer den Gästen den Weg, eine Schnecke versteckt sich zwischen den Pflanzen, und auf dem Balkon sorgen Klangspiele für leise Musik.*
*Im Herbst behütet ein großer Nachtwächter Haus und Garten; kleine Wichtel bringen die Ernte ein und zu Halloween grüßen Hexe und Geister.*
*Winterlich weihnachtlich wirds mit Schneemännern, Nikolaus und Engeln. Zum neuen Jahr bringen Schweinchen und Schornsteinfeger Glück.*

*Diese fröhlichen Gesellen sind ganz einfach herzustellen. Zunächst werden die Tontöpfe zur Grundfigur zusammengeklebt, ein Topf ist der Körper, einer der Kopf, kleinere Töpfe bilden Arme und Beine. Dann werden die Gesichter aufgemalt und die Figuren mit verschiedenen Materialien dekoriert. So entstehen lustige Gestalten für den Garten, die Fensterbank und den Balkon.*
*Aus großen Töpfen werden Riesenfiguren für den Hauseingang. Aus Mini-Tontöpfen, kleinen Holzkugeln und Chenilledraht können winzige, liebenswerte Figuren und Tiere, zum Beispiel als Tischdeko, gestaltet werden.*
*Natürlich sind alle Figuren auch als kleines oder großes Geschenk willkommen.*

*Viel Spaß und gutes Gelingen wünschen Ihnen*

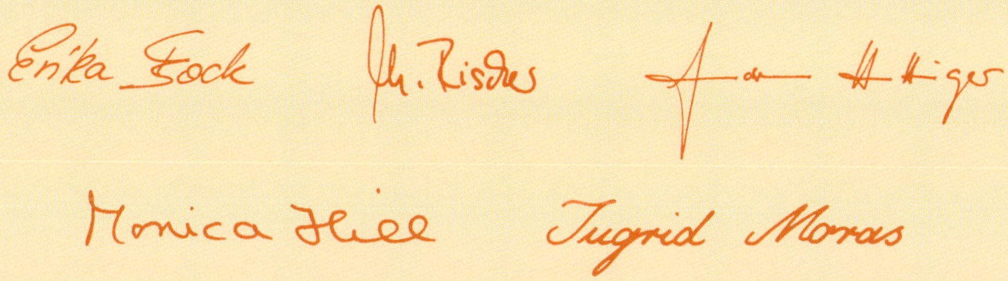

# So gehts

## Tontöpfe

Tontöpfe werden in verschiedenen Größen und Formen im Hobbyfachhandel, im Gartencenter oder im Baumarkt angeboten. Rosentöpfe sind für schlanke Figuren oder schmale lange Gesichter gut geeignet, Glockentöpfe für dicke Figuren mit Kugelbäuchen und runden Gesichtern.
Untersetzer in verschiedenen Größen dienen zum Beispiel als Kopf, Kopfbedeckung oder Kragen.

## Kleben

- Besonders stabile wasserdichte Klebeverbindungen erhält man mit UHU-Montagekleber. Alternativ kann hier auch Silikonkleber verwendet werden. Er klebt sicher und hält Witterungseinflüssen stand. Sauber kleben, da Silikon nicht übermalt werden kann! Falls Silikon von Töpfen entfernt werden muss, Scheuermilch nehmen. Überschüssigen Klebstoff beim Zusammenfügen der Töpfe mit Küchenpapier entfernen. Töpfe mit Maler-Klebeband fixieren, bis der Klebstoff angezogen hat.
- Für feine Verklebungen wie kleine Töpfchen, Filz, Holzkugeln, Augenbrauen und Bärte aus Plüsch ist UHU Alleskleber Kraft gut geeignet.
- Auch mit Heißkleber können zum Beispiel Haare, Hüte, Knöpfe oder Blümchen schnell fixiert werden.

## Grundformen

Die Töpfe der Abbildung entsprechend aufeinander kleben. Dazu Klebstoff auf den oberen Rand des ersten Topfes auftragen, den zweiten Topf Rand auf Rand aufsetzen. Kleber auf den Boden streichen, den dritten Topf Boden auf Boden fixieren. Überschüssigen Klebstoff entfernen.
Für einen Rock zwei verschieden große Tontöpfe übereinander kleben. Dabei den unteren Topf eine Nummer größer wählen. Figuren, die einen „Rock" tragen, stehen durch die breitere Standfläche sicherer.
Für Hosen zwei gleich große Töpfe mit der Öffnung zusammenkleben, entweder zwei Glockentöpfe oder Ton- und Glockentopf.
Für Köpfe eignen sich besonders die bauchige Form der Glockentöpfe oder auch zwei zusammengeklebte Untersetzer oder eine Holzkugel. Den Kopf erst dann aufkleben, wenn die Arme angebracht sind.
In die Kopföffnung eine Styroporkugel oder eine Hälfte einer teilbaren Acrylkugel kleben. So entsteht ein schöner Oberkopf. Den Oberkopf passend zur Haarfarbe bemalen.

## Arme

Für die Arme werden kleine Töpfe, 3 cm oder 4 cm Ø, auf Bast, Kordel, Chenilledraht Bindedraht oder Figurendraht, 6 mm Ø, gefädelt. Eventuell die Topföffnung mit einer alten Schere vergrößern. Die Töpfchen entweder mit der Öffnung gegeneinander kleben und ein weiteres Boden an Boden befestigen oder immer in der gleichen Richtung mit der Öffnung nach unten aufreihen. Als Abschluss durchbohrte Holzkugeln oder Holzhände anbringen.

## Bemalen

Die Vorlagen mit Bleistift und Transparentpapier oder mit Kopierpapier übertragen. Die Figuren mit Acrylfarben oder Terrakotta-Pen bemalen. Der Terrakotta-Pen ist sehr handlich zum Aufmalen. Diese sehr flüssige und stark pigmentierte Farbe lässt sich auch sehr dünn mit dem Pinsel auftragen.
Für die Gesichter eventuell Schablonen herstellen und mit Bleistift umranden. Die Augen können durch Wackelaugen ersetzt werden. Die Gesichter können auch mit Pluster-Pen aufgemalt werden, die Farben werden aber nicht aufgeplustert.

### *Tipp*

Runde Augen lassen sich gut aufmalen, wenn auf die gewünschten Stellen Klebepunkte in entsprechender Größe festgedrückt werden. Diese mit Bleistift umranden. Klebepunkte lösen und die Fläche ausmalen.

## Frisuren

Sisal, Hanf oder Plüsch mit Heißkleber auf den Oberkopf kleben und frisieren, als Kurzhaarfrisur, mit Zöpfen oder mit langem Haar.

## Hinweis

Klebstoff, Klebeband, Küchenpapier sowie Filzstift in Schwarz, ein dünner Pinsel und ein Flachpinsel werden immer benötigt und sind deshalb in den Materiallisten nicht mehr eigens aufgeführt.

## Mini-Figuren

Die Mini-Figuren sind in zwei Größen gearbeitet. Die kleinen Figuren entstehen aus einem Tontöpfchen mit 3 cm Ø und die größeren aus einem Töpfchen mit 4,5 cm Ø. Für die Köpfe werden Holzkugeln verwendet, für die kleineren Figuren mit 2 cm Ø, für die größeren mit 2,5 cm Ø.

Für die Arme Chenilledraht, 6 cm bzw. 10 cm lang, zuschneiden und mittig hinter dem Kopf fixieren. Kleine Holzperlen als Hände an den Enden des Chenilledrahts anbringen.

Die kleinen Augen und Nasen sehen besonders schön aus, wenn sie mit Window Color aufgemalt werden. Für die Augen jeweils einen Tupfer Window Color in Weiß auftragen und anschließend in die feuchte, weiße Farbe einen Tupfer schwarze Farbe als Pupille setzen. Diese Augen sehen nach dem Trocknen aus wie Kunststoff-Wackelaugen.

## Riesen-Figuren

Leuchtturm und Nachtwächter
Seiten 34/35 und 38/39

1 Für die großen Figuren die Töpfe zunächst bemalen, die Farbe trocknen lassen.

2 Die Mutter auf die Gewindestange schrauben und mit einem Tropfen Sekundenkleber fixieren. Eine kleine (8 x 16 x 1 mm) und eine große (13 x 37 x 3 mm) Unterlegscheibe auf die Gewindestange stecken und die Stange durch das Loch des unteren Topfes führen.

3 Den Topf aufstellen und die Stange nach oben ziehen.

4 Die nächsten Töpfe der Vorlage entsprechend aufstecken, am besten geht das zu zweit.

5 Nach dem letzten Topf eine große und eine kleine Unterlegscheibe aufstecken und die Mutter mit dem Gabelschlüssel festschrauben.

### *Hinweis*

Die Schrauben nicht zu fest anziehen, damit der Topfboden nicht bricht. Deshalb auch möglichst eine Stoff-, Filz- oder Moosgummischeibe zwischen Topfboden und Unterlegscheibe geben.

## Profi-Tipps der Autorinnen

- Die Arme können auch nachträglich angebracht werden. Dazu die Grundfigur zusammenkleben. Die Töpfe für einen Arm auf Bast fädeln, darüber einen Knoten legen. Dann drei Streifen vor und drei hinter dem „Hals" herum auf die andere Seite führen und verknoten. Den zweiten Arm aufziehen.

- Die Größen der Figuren lassen sich beliebig abwandeln, die Töpfe sollten aber aufeinander abgestimmt sein. Am besten ausprobieren!

- Überquellenden Klebstoff beim Zusammendrücken sofort mit einem Wattestäbchen entfernen.

- Flecken auf Tontöpfen lassen sich gut mit dem Radiergummi entfernen.

- Die Verbindungsstelle zwischen Kopf und Körper am besten mit Blumenkränzchen, Bändern oder einem Halstuch abdecken.

- Wenn Sie Ihre Figuren draußen aufstellen wollen, sollten Sie die Gesichter mit Klarlack besprühen. Silikonkleber ist witterungsbeständig. Auch die Deko-Materialien wie Sisal, Jute, Holzformen oder Deko-Blumen sind nicht sehr empfindlich gegen Nässe und halten etwas Regen gut aus.

**Material**

- Tontöpfe, 3 cm Ø, 4,5 cm Ø
- Holzkugeln, 2 cm Ø, 2,5 cm Ø
- Holzperlen, 6 mm
- Chenilledraht in Braun
- Filz in Braun
- Bast in Hellgrün
- Deko-Band, kariert, 5 mm breit
- Holzstreuteile „Gießkanne", „Ei"
- Deko-Möhrchen, 4 cm lang
- Zahnstocher
- Fotokarton
- Draht
- Window Color in Rot
- Filzstifte

Höhe ca. 5 und 7 cm

**Vorlage** 1
Seite 68

# Osterhasen

**1** Die Häschen nach der Grundanleitung auf Seite 10 zusammensetzen. Die Ohren aus Filz zuschneiden und mithilfe eines Zahnstochers in die Holzkugel kleben.

**2** Aus Fotokarton und einem Zahnstocher ein kleines Schild „Frohe Ostern" anfertigen und an den Armen eines Hasen befestigen. Mit Window Color in Rot die Nasen aufmalen.

# Hennen & Enten

*Abbildung & Materialangaben Seite 14/15*

**1** Nach der Grundanleitung auf Seite 10 die Figuren anfertigen. Dabei zur Befestigung der Federn tropffreien Klebstoff mit einem Zahnstocher auf der gewünschten Stelle des Töpfchens auftupfen und Federn der Abbildung entsprechend anbringen.

**2** Als Hühnerkamm roten Chenilledraht, 1,5 cm lang, oben auf die Holzkugel kleben. Nach den Vorlagen Schnäbel und Füße aus Filz zuschneiden, für die Hühner zusätzlich einen Lappen aus rotem Filz. Die Schnäbel in der Mitte knicken, auf die Knickstelle jeweils etwas Heißkleber auftupfen und an der Holzkugel fixieren. Für das große Huhn Draht um eine Stricknadel wickeln und als Kette um den Hals legen. Mit einem Holzei verzieren.

Frohe
Ostern

# Hennen & Enten

**Material**

***Für jede Figur***

- Tontöpfe, 3 cm Ø, 4,5 cm Ø
- Holzkugeln, 2 cm Ø, 2,5 cm Ø
- Window Color in Weiß, Schwarz
- Filzstift in Schwarz

***Hühner***

- Flauschfedern in Weiß
- Kielfedern in Natur
- Acrylfarbe in Weiß
- Chenilledraht in Rot
- Filz in Gelb, Rot
- Draht
- Holzstreuteil „Ei"

***Enten***

- Flauschfedern in Gelb
- Filz in Orange
- Deko-Band, kariert, 5 mm breit
- Acrylfarbe in Gelb

Höhe ca. 5 und 7 cm

**Vorlagen** 2 und 3
Seite 68

Anleitung Seite 12

# Ostergrüße

## Material

### *Hase mit Töpfchen*

- Tontöpfe, 2x 4 cm Ø, 2x 3 cm Ø
- Untersetzer, 7 cm Ø
- Holzkopf „Hase“, 4 cm Ø
- Rundstab, 6 mm Ø
- 2 Holzkugeln, 15 mm Ø
- Acrylfarbe in Maigrün
- Multicolor-Bast in Hellgrün-Natur
- Bast in Natur
- Langhaarplüsch in Kupferrot

### *Hase mit Schubkarren*

- Tontöpfe, 1x 4 cm Ø, 2x 3 cm Ø
- Holzkopf „Hase“, 4 cm Ø
- Schubkarren in Terrakotta
- Aludraht, 2 mm Ø
- Bast in Lindgrün
- Langhaarplüsch in Kupferrot
- Acrylfarben in Karmin, Schwarz
- Fotokarton in Rot

Höhe ca. 12 cm

1 Für den **Hasen mit Töpfchen** einen Rundstab als Halsverbindung zwischen die Holzkugel und einen Blumentopf, 4 cm Ø, einkleben. Zwei 4 cm große Töpfe als Körper zusammenfügen. Den unteren Topf als Hose bemalen. Hosenträger und einen Gürtel aus Bast ankleben oder umbinden.

2 Die Arme aus Bast flechten, an den Enden Holzkugeln als Hände anbringen. Kleine Plüschstücke an Kopf und Ohren fixieren. Die Figur mit zwei Töpfchen, 3 cm groß, in den Untersetzer kleben.

3 Für den **Hasen mit Schubkarren** ein 40 cm langes Drahtstück für Hals und Beine in der Hälfte zusammenbiegen, durch den Tontopf stecken und den Kopf aufkleben. 3 cm große Töpfe als Füße aufschieben, die Drahtenden zur Spirale eindrehen. Arme aus 30 cm langem Aludraht fertigen.

4 Die Hose aufmalen, Hosenträger und Schleife aus Bast sowie Haare aus Plüsch und Knöpfe aus Karton anbringen. Den Hasenkörper und die Füße möglichst knapp mit Silikon auf drei Ecken der Schubkarre fixieren.

# Hühner

## Material

***Kleines Huhn***

- Tontöpfe, 1x 9 cm Ø, 1x 6 cm Ø
- Styroporkugel, 4 cm Ø
- Acrylfarben in Gelb, Blau
- Moosgummi in Rot
- Wackelaugen, 7 mm Ø
- Rundholzstab, 8 mm Ø, 6 cm lang

***Großes Huhn***

- Tontöpfe, 1x 11 cm Ø, 1x 7 cm Ø
- Styroporkugel, 6 cm Ø
- Acrylfarben in Elfenbein, Krapplack
- Moosgummi in Rot
- Wackelaugen, 7 mm Ø
- Rundholzstab, 8 mm Ø, 8 cm lang

Höhe ca. 17 und 23 cm

**Vorlage** 4
Seite 68/69

*1* Jeweils einen Rundstab zur Stabilisierung in die Styroporkugel stecken, durch den kleineren Topf führen und an der Innenseite des größeren festkleben. Klebstoff auf die Auflagepunkte geben.

*2* Töpfe und Kugeln grundieren. Muster auf die Töpfe malen, Punkte mit dem Pinselstiel tupfen.

*3* Schnabel, Kamm, Kinnlappen und Schwanzfedern nach den Vorlagen aus Moosgummi ausschneiden und aufkleben. Augen fixieren.

# Blumenstecker

**Material**

- Tontöpfe, 5x 5 cm Ø, 2x 4 cm Ø
- Naturbast
- 4 Holzperlen in Natur, 12 mm Ø
- Bindedraht
- Maisstroh in Gelb
- Strohhut, ca. 5 cm Ø
- Holzstreumotive, z. B. Blume, Vogel
- 2 Rundholzstäbe, 8 mm Ø, 20 cm lang
- Acrylfarben in Gelb, Rot
- Pluster-Pen in Rot, Schwarz
- Trinkhalm
- Eventuell Kastanienbohrer

Höhe ca. 15 cm

*1* Für den Körper jeweils zwei Tontöpfe, 5 cm Ø, aufeinander kleben. Rote Latzhose oder gelbes T-Shirt aufmalen. Augen und Mund mit Pluster-Pen auf die kleineren Töpfe, 4 cm Ø, malen, die Farbe jedoch nicht aufplustern.

*2* Einige Bastfäden bündeln und in 10 cm Länge zuschneiden. An beiden Enden Holzperlen als Hände fixieren. Körper und Kopf aufeinander kleben und dabei die Arme mit einlegen. Maisstroh als Haare anbringen. Strohhut oder einen kleinen Tontopf mit bemaltem Rand aufkleben.

*3* Drähte an den Streuteilen anbringen, um einen Trinkhalm zu Spiralen wickeln und an den Armen der Figuren fixieren. Rundstab in das Loch des Tontopfes stecken, eventuell mit Klebstoff fixieren.

# Blumenjunge mit Hund

**Material**

***Blumenjunge***

- Glockentöpfe, 1x 11 cm Ø, 1x 9 cm Ø
- Tontöpfe, 1x 11 cm Ø, 2x 6 cm Ø, 8x 4 cm Ø
- Zylindertopf, 11 cm Ø
- Unterteller, 9 cm Ø
- Wackelaugen, 10 mm Ø
- Naturbast
- Karo-Schleifenband
- Acrylfarben in Rot, Blau, Schwarz

***Hund***

- Glockentopf, 9 cm Ø
- Tontöpfe, 2x 11 cm Ø, 8x 5 cm Ø
- Wackelaugen, 14 mm Ø
- Baumwollstoff
- Deko-Festiger
- Figurendraht, 5 mm Ø, 15 cm lang
- Acrylfarben in Weiß, Rehbraun, Schwarz

Höhe ca. 33 und 14 cm

**Vorlagen** 5 und 6
Seite 69

## Blumenjunge

1 Den Unterteller bemalen und als Hut auf den größeren Glockentopf kleben. Haare und Gesicht ausgestalten.

2 Auf einen 70 cm langen Baststrang acht Töpfe, 4 cm Ø, als Arme aufreihen. Den Abstand zum nächsten Topf jeweils mit einem Knoten fixieren. Den Bast an den Enden nicht abschneiden, sondern den Pflanztopf damit einfassen.

3 Zylindertopf und Tontopf, 11 cm Ø, als Körper an den Rändern aufeinander kleben. Die Latzhose aufmalen. Blau bemalte Töpfe, 6 cm Ø, als Beine ankleben. Den Kopf auf den Körper kleben und dabei den Armstrang einlegen. Halstuch und Hutband anbringen.

## Hund

1 Tontöpfe, 11 cm Ø, als Körper zusammenkleben, Glockentopf als Kopf fixieren. Den Körper auf die Beine setzen, deren Umrisse anzeichnen. Körper umdrehen und Beine festkleben.

2 Die Ohren nach der Vorlage zuschneiden, mit Deko-Festiger bestreichen und an den Kopf drücken. Für den Schwanz einen Stoffstreifen, 15 x 7 cm, mit Deko-Festiger bestreichen, um den Figurendraht wickeln und trocknen lassen. In den Topf stecken. Den Hund bemalen und das Gesicht gestalten.

# Gärtnerin

## Material

- Glockentopf, 13 cm Ø
- Tontöpfe, 2x 15 cm Ø, 4x 6 cm Ø, 4x 4 cm Ø
- Styroporkugel, 10 cm Ø
- Holzkugeln, 5x 30 mm Ø, 4x 25 mm Ø
- Figurendraht, 6 mm Ø
- Märchenwolle in Gelb
- Filz in Rot
- Karo-Stoff in Grün-Weiß
- Karo-Schleifenband in Rot-Weiß, 10 mm breit
- Wackelaugen, 14 mm Ø
- Acryl-Granitfarbe in Hellblau
- Acrylfarben in Rot, Schwarz
- Strohhut, 21 cm Ø
- Weidenkörbchen
- Deko-Früchte
- Textilblüten

Höhe ca. 40 cm

**Vorlage** 7
Seite 69

*1* Einen der großen Töpfe vollständig, den anderen nur am Rand mit Granitfarbe bemalen. Zwei der kleinen und alle vier der nächstgrößeren Töpfe ebenfalls färben. Trocknen lassen und den Anstrich wiederholen.

*2* Für die Arme Töpfchen beidseitig auf ein etwa 70 cm langes Stück Figurendraht aufreihen. Als Hand einen kleinen Topf auffädeln, den Draht zur Schlaufe legen und wieder durch das Loch zurückführen.

*3* Die beiden großen Töpfe an den Rändern aufeinander kleben. Arme und Kopf fixieren.

*4* Das Gesicht auf den Glockentopf malen und die Wackelaugen aufkleben. Die Styroporkugel in den Kopf kleben. Märchenwolle als Haare fixieren. Die Frisur zurechtzupfen und hinten einen Zopf flechten. Den Strohhut ausschmücken und aufkleben. Den Kopf auf den Körper kleben.

*5* Schal, etwa 50 cm lang, und Schürze aus Filz bzw. Stoff ausschneiden und anbringen. Körbchen mit kleinen Deko-Früchten füllen und der Gärtnerin über den Arm hängen.

# Sommer

**Material**

- Glockentopf, 11 cm Ø
- Tontopf, 7 cm Ø
- 5 Holzkugeln, 2 cm Ø
- Ast, 40 cm lang, ca. 2 cm Ø
- Paketschnur
- Karostoff in Rot-Weiß
- Buchsbaumgirlande, 30 cm lang
- Acrylfarben in Rot, Schwarz
- Dekupier- oder Gehrungssäge
- Bohrmaschine
- Holzbohrer, 2 mm Ø

Höhe ca. 30 cm

## *Kantenhocker*

1 Augen, Nase, Mund und Wangen mit Acrylfarben auf den Tontopf malen. Als Knöpfe zwei dünne Scheiben vom Ast absägen. Knopflöcher hineinbohren. Restliches Aststück in zehn 3 cm breite Abschnitte sägen. Jeweils ein Loch in die Mitte bohren.

2 Für die Arme eine 25 cm lange Schnur, für die Beine zwei 24 cm lange Schnüre zuschneiden und jeweils an einem Ende verknoten. Holzkugeln und Aststücke aufziehen. Die Armschnur nach der zweiten Holzkugel verknoten. Die Armschnur mittig über den Glockentopf legen. Die Enden der Beinschnüre von innen durch das Loch des Glockentopfes stecken, dabei die Armschnur einfassen und weiter durch das Loch des Topfes für den Kopf führen. Eine Holzkugel auf die beiden Enden der Schnur aufziehen, die Länge der Beine ausgleichen und die Schnüre verknoten.

3 Knöpfe fixieren, ein Halstuch umbinden. Die Buchsbaumgirlande zu einem Herz formen und am Topf festkleben.

## *Herz-Wichtel*

*Abbildung & Materialangaben Seite 28/29*

1 Das Gesicht auf die große Kugel malen. Hut und Herz nach den Vorlagen ausschneiden. Spitzhut formen und mit den Haaren auf den Kopf kleben.

2 Für die Arme jeweils eine Holzkugel, einen kleinen Tontopf und wieder eine Holzkugel auf eine 13 cm lange Schnur reihen. Die Enden verknoten. Den Kopf auf den Körper kleben, dabei die Armschnüre einlegen. Beine, Herz und Bordüre anbringen.

# Herz-Wichtel

**Material**

- Tontöpfe: 1x 7 cm Ø, 4x 4 cm Ø
- 4 Holzkugeln, 2 cm Ø
- Holzkugel, 5 cm Ø
- Paketschnur
- Fransenwolle in Gelb, Braun
- Jute in Rot, Blau
- Acrylfarben in Rosa, Schwarz

Höhe ca. 17 cm

**Vorlage** 8
Seite 70

Anleitung Seite 26

# Klangspiele

**Material**

- Tontöpfe, 8 cm Ø
- Wattekugeln mit Gesicht, 6 cm Ø
- Märchenwolle in Hell-, Dunkelbraun
- Chenilledraht, 14 mm Ø, in Rot, Blau
- Hüte in Rot, 9 cm Ø, Schwarz, 7 cm Ø
- Blümchen in Weiß
- Holzhände, 25 mm
- Knöpfe in Rot, 5 mm Ø
- Satinband in Rot, 5 mm breit
- Buntkordel
- Klangstäbe, hohl, 6 + 8 cm, eloxiert in Rot, Gold, Silber
- Aufhängeset für Klangstäbe, mittel, 5,5 cm Ø
- Aufhängegarn
- Acrylfarben in Rot, Blau, Gelb
- Holzleim

Höhe ca. 22 cm

**Vorlage** 9
Seite 70

*1* Als Köpfe bereits bemalte Watte- oder Holzköpfe verwenden oder die Kugeln selbst bemalen. Haare aus Märchenwolle mit Holzleim auf den Kopf kleben und die Frisur gestalten. Zum Aufhängen eine Schnur mit einer Nadel durch Kopf und Hut ziehen. Das andere Ende der Schnur wird später mit der fertig montierten Scheibe mit den Klangstäben verknotet. Den Tontopf bemalen und die Knöpfe platzieren.

*2* Alle Teile zusammenkleben. Um den Hals einen etwa 22 cm langen Chenilledraht wickeln, sodass zwei Enden für die Arme überstehen. Die Armlänge auf jeweils 4 cm anpassen und die Holzhände festkleben.

*3* Die Klangstäbe, drei große und drei kleine, sowie die kleine Scheibe und die Glocke an der großen Holzscheibe mit Löchern gleichmäßig verteilt festknüpfen. Nun kann die vorbereitete Scheibe mit der Aufhängeschnur im Topfinnern, siehe Punkt 1, verknotet werden.

# Spieluhren

*Abbildung & Materialangaben Seite 32/33*

*1* Die Töpfe bemalen und bekleben. Jeweils zwei Baststreifen um die Spieluhr binden, alle Enden verknoten, durch eine 15-mm-Holzperle, den Glockentopf und die Holzkugel ziehen und einen Knoten legen.

*2* Arme aus Bast und Tontöpfen, 3 cm Ø, fertigen. Gesichter aufmalen und Haare und Mütze aufkleben. Oberhalb der Mütze den Bast zu zwei Zöpfen flechten, mit Draht umwickeln, am Ende verknoten und Sterne anbinden.

*3* Schleife, Krawatte, Sterne und Mond anbringen. Blüten, Herzen und Sterne aus Filz auf Lackdraht ziehen. Den Draht mit einer Stricknadel zur Spirale wickeln. Die Drahtkette an den „Händen" befestigen. Ein Säckchen nähen, Bast hindurchfädeln und an der „Hand" des Sandmannes fixieren.

# Spieluhren

## Material

***Für jede Figur***

- Glockentopf, 11 cm Ø
- 4 Tontöpfe, 3 cm Ø
- Holzkugel, 6 cm Ø
- 5 Holzperlen, 15 mm Ø
- Lackdraht in Grün, 0,5 mm Ø

***Sandmännchen***

- Spieluhr „La Le Lu“
- Multicolor-Bast in Hellgrün-Natur
- 2 Glöckchen „Stern“, 25 mm
- Glitterfilz in Grün
- Filz, meliert, in Rotbraun, Gelb
- Acrylfarben in Maigrün, Weiß, Schwarz

***Zum Vatertag***

- Bast in Hellbraun, Schwarz
- Spieluhr „Oh mein Papa“
- Langhaarplüsch in Silbergrau
- Glitterfilz in Rot
- Filz in Gelb
- Acrylfarben in Schwarz, Weiß, Rehbraun, Karmin

Höhe ca. 18 cm

**Vorlagen** 10 und 11
Seite 70/71

Anleitung Seite 30

## Material

***Leuchtturm***

- Tontöpfe, 1x 31 cm Ø, 2x 27 cm Ø, 2x 25 cm Ø, 1x 15 cm Ø, 4x 13 cm Ø
- Unterteller, 29 cm Ø
- Windradfolie in Gelb
- Moosgummi in Blau
- Schraubglas
- Sand
- Teelicht
- Holzleiste, 120 x 27 x 90 mm
- Acrylfarben in Weiß, Rot, Schwarz
- Bohrmaschine, Steinbohrer, 16 mm Ø

***Leuchtturmwärter***

- Tontöpfe, 2x 6 cm Ø, 1x 5 cm Ø
- Styroporkugel, 40 mm Ø
- Fransenwolle in Gelb
- Strickschlauch:
  - in Blau, 6 cm breit, 20 cm
  - in Blau, 1,5 cm breit, 20 cm
  - in Blau-Weiß, 4 cm breit, 8 cm
- Chenilledraht, 20 cm
- 2 Holzperlen, 2 cm Ø
- Pluster-Pen in Rot, Schwarz
- Schaschlikstab
- Holzfisch
- Nähnadel, -garn

Höhe ca. 110 cm

**Vorlage** 12
Seite 72

# Leuchtturm

*1* In die Mitte des Untertellers mit dem Steinbohrer ein Loch bohren. Die Töpfe bemalen: Den größten Topf, 31 cm Ø, in Schwarz, den Unterteller und je einen Topf von 25 cm und 27 cm Ø in Rot, die restlichen Töpfe von 15 cm, 25 cm und 27 cm Ø in Weiß. Bei dem weißen Topf von 25 cm Ø einen 12,5 cm breiten Rand anzeichnen und oberhalb davon Rot färben. Die Fenster vom Vorlagebogen übertragen und ausmalen.

*2* Die Gewindestange mit Mutter und Unterlegscheiben von innen durch das Loch des unteren Topfes führen (siehe auch Anleitung Seite 10). Die Tontöpfe nach der Vorlage aufstecken. Töpfe von 13 cm Ø dienen jeweils als Abstandhalter zwischen den großen Töpfen.
Die Gewindestange nach oben ziehen. Die endgültige Länge der Stange festlegen und markieren, dabei die Höhe von Mutter und Unterlegscheiben beachten. Den Turm wieder abbauen und die Gewindestange kürzen. Leuchtturm erneut zusammenbauen.

*3* Aus Moosgummistreifen und gelber Windradfolie die Laterne des Leuchtturms der Abbildung entsprechend herstellen. Sie muss locker über das Schraubglas passen. Das Glas mit etwas Sand füllen und das Teelicht hineinstellen. Die Holzleiste in drei Abschnitte sägen und als Distanzhalter auf den obersten Topf legen. Laterne aufstellen.

Achtung: Das Windlicht ist nicht fest montiert, bei starkem Wind kann es herunterfallen! Die Kerze nie unbeaufsichtigt brennen lassen!

## Leuchtturmwärter

*1* Den breiten blauen Strickschlauch mit Nadel und Faden am oberen Rand aufreihen und zusammenziehen. Den Rand durch das Loch des Topfes, 6 cm Ø, nach innen stecken. Diesen Topf mit dem zweiten Tontopf von 6 cm Ø an den Rändern zusammenkleben. Strickpulli am Topf fixieren.

*2* Für die Arme Chenilledraht mit Strickschlauch beziehen und an den Pulli nähen, Perlen als Hände festkleben. Tontopf als Kopf aufkleben, Gesicht aufmalen. Styroporkugel einkleben und Haare fixieren. Strickmütze ankleben.

# Schnecke

**Material**

- 2 Pflanzschalen, 22 cm Ø
- Tontöpfe, 3x 7 cm Ø, 1x 6 cm Ø, 1x 5 cm Ø
- Styroporkugel, 60 mm Ø
- Wackelaugen, 10 mm Ø
- 2 Holzperlen, 15 mm Ø
- 2 Rundhölzer, 6 mm Ø, 4 cm lang
- Acrylfarben in Krapplack, Ocker
- Bleistiftspitzer

Höhe ca. 22 cm,
Länge ca. 36 cm

1 Beide Pflanzschalen an den Rändern zusammenkleben. Seitlich jeweils einen Tontopf von 7 cm Ø ankleben. Als Schwanzstück einen Tontopf, 6 cm Ø, fixieren.

2 Für den Kopf die Styroporkugel färben und in den dritten Tontopf von 7 cm Ø kleben. Kopf und Stütze, 5 cm Ø, ankleben.

3 Die Schnecke in Krapplack grundieren und das Muster mit Ocker aufmalen.

4 Die Rundhölzer anspitzen. Holzperlen aufkleben und als Fühler in den Kopf stecken. Das Gesicht ausgestalten.

## Nachtwächter

### Material

- Tontöpfe, 1x 36 cm Ø, 2x 31 cm Ø, 1x 29 cm Ø, 1x 15 cm Ø, 6x 11 cm Ø, 4x 7 cm Ø
- Unterteller, 36 cm Ø
- Pflanzschale, 20 cm Ø
- 3 Terrakotta-Füße
- Holzkugel, 30 mm Ø
- Halbe Holzperle, 25 mm Ø
- Figurendraht, 6 mm Ø
- Bindedraht
- Stoff in Dunkelgrün, 50 x 140 cm
- Kordel in Dunkelgrün, 100 cm lang
- Nähgarn in Dunkelgrün
- Nähnadel oder Nähmaschine
- Maisstroh in Natur
- Rest von Langhaar-Plüsch in Braun
- Gürtel in Schwarz
- Metall-Laterne
- Holzrundstab, 10 mm Ø, 100 cm lang
- Moosgummi in Schwarz
- 3 Plastikknöpfe, 30 mm Ø
- Acrylfarben in Weiß, Krapplack, Dunkelblau, Braun, Schwarz

Größe ca. 120 cm

**Vorlage** 13
Seite 72

*1* Den Oberkörper, 36 cm Ø, und die Arme, 6x 11 cm Ø, 2x 7 cm Ø, in Krapplack grundieren. Die beiden Töpfe für den Unterbau, 31 cm, den Teller und die Schale des Hutes sowie die Füße schwarz bemalen.

*2* Die Töpfe der Arme auf 160 cm langen Figurendraht aufreihen. Den Abstand zum nächsten Topf jeweils mit einem Knoten fixieren. Die Strecke zwischen den Schultern sollte etwa 27 cm betragen. An den Händen den Figurendraht zu einer Schlaufe legen und das Ende wieder in den Topf stecken.

*3* Holzkugel, 3 cm Ø, auf Bindedraht ziehen, beide Drahtenden nach oben richten und von innen durch das Loch des Tontopfs von 15 cm Ø stecken. Diesen Topf als Abstandhalter in den Oberkörper stecken und die Drahtenden auch hier durch die Öffnung führen. Den Figurendraht der Arme mittig über den Topf und zwischen die beiden Drähte legen. Die Drahtenden fest zusammendrehen und wieder zurück in die Topföffnung stecken.

*4* Augen und Mund auf den Kopf, 29 cm Ø, malen. Plüsch als Schnurrbart, Halbperle als Nase und Maisstroh als Haare festkleben. Den Hut zusammensetzen und fixieren.

*5* Die Figur mit einer Gewindestange verbinden (siehe auch Anleitung Seite 10). Tontopffüße unter die Figur setzen.

*6* Hellebarde nach der Vorlage aus Moosgummi schneiden und beidseitig an den Holzstab kleben. Hellebarde und Laterne an den Handschlaufen befestigen. Für den Umhang die Ränder des Stoffs umsäumen. Längs 10 cm absteppen und so einen Tunnel für die Kordel nähen. Kordel einziehen und die Enden verknoten.

# Wichtel mit Katze

## Material

***Für jede Figur***

- Styroporkegel, 20 x 9 cm
- Acrylfarben
- Acryl-Granitfarbe in Silber

***Wichtelfrau***

- Glockentöpfe, 1x 15 cm Ø, 1x 13 cm Ø, 1x 11 cm Ø
- 6 Tontöpfe, 3 cm Ø
- Holzkugeln, 2x 3 cm Ø, 6x 15 mm Ø
- Bast in Braun 6x 80 cm
- Filz in Rot
- Rupfenband in Hellgrün, 6 cm breit
- Langhaarplüsch in Blond
- Sisalblume in Grün, 20 cm Ø
- Holzrechen

***Katze***

- Glockentöpfe, 1x 11 cm Ø, 1x 9 cm Ø
- Untersetzer, 8 cm Ø
- 4 Tontöpfe, 3 cm Ø
- Langhaarplüsch in Blond
- Holzperle, 15 mm Ø
- Rupfenband in Hellgrün, 6 cm breit

Materialangaben
***Wichtelmann*** Seite 42

**Vorlage** 14
Seiten 73 und 74

Anleitung Seite 42

# Eule

**Material**

- Rosentopf, 13 cm Ø, 15 cm hoch
- Unterteller, 10 cm Ø
- Modelliermasse, 500 g
- Holzleim
- Trinkhalm
- Modellierstäbchen o. Ä.
- Schmirgelpapier 220

Höhe ca. 22 cm

**Vorlage** 15
Seite 74

1 Den Unterteller mit Holzleim bestreichen und mit Modelliermasse ausfüllen. Schräg auf den Rosentopf setzen, sodass ein Drittel übersteht. Die Lücken mit Modelliermasse schließen, eine Kopfform mit Ohren nach der Vorlage modellieren.

2 Für die Flügel Modelliermasse auswellen und die Formen ausschneiden. Die Flügel auch auf den Tontopf zeichnen und die vorgesehenen Stellen mit etwas Holzleim bestreichen. Mit kleinen Reststücken Modelliermasse die Form aufbauen, das ausgeschnittene Teil aufdrücken und noch etwas nachmodellieren. In die noch feuchte Oberfläche mit einem Trinkhalm Muster anbringen.

3 Für die Augen je eine Kugel, etwa 3 cm Ø, flach drücken und fixieren. Mit einem Trinkhalm die Pupillen sowie einen kleinen Punkt eindrücken. Die Augen mit Rillen verzieren. Die Nase formen und anfügen. Die Modelliermasse härtet an der Luft aus. Nach dem Trocknen die modellierten Teile mit Schmirgelpapier etwas glätten, den Untergrund gut säubern und mit Lack besprühen.

# Wichtel mit Katze

*Abbildung & Materialangaben Seite 40/41*

***Wichtelmann***

- Glockentöpfe, 2x 15 cm Ø, 1x 13 cm Ø
- 6 Tontöpfe, 4 cm Ø
- Holzkugeln, 2x 4 cm Ø, 6x 15 mm Ø
- Bast in Braun, 6x 80 cm
- Filz in Grau, Grün
- Langhaarplüsch in Orange
- Perle in Rot, 15 mm Ø
- Deko-Spaten

Höhe der Figuren ca. 40 und 48 cm
Katze ca. 20 cm

1 Die Tontöpfe für Körper und Kopf der Abbildung entsprechend zusammenkleben, bemalen und dekorieren. Drei Streifen Bast mit der Mitte vor, drei hinter dem Hals herumführen, auf beiden Seiten einen Knoten legen. Anschließend nacheinander die Arm-Töpfe auf alle sechs Baststreifen aufziehen. Als Stopper jeweils auf drei Baststreifen eine 15-mm-Kugel aufziehen und darunter mit allen Baststreifen einen Knoten legen. Eine 4-cm-Kugel als Hand ankleben.

2 Jacke und Herz für den **Wichtelmann** aus Filz schneiden und aufkleben. Den Styroporkegel mit einem Farbgemisch aus Granitfarbe und moosgrüner Farbe einfärben und schräg in den Kopf-Topf einkleben.
Den Styroporkegel für die **Wichtelfrau** unten um 5 cm kürzen, mit einem Farbengemisch aus Granitfarbe, Karmin und etwas Schwarz bemalen, in den 11 cm großen Topf einkleben. Als Hutrand die Sisalblume befestigen.
Für den **Katzenkopf** den Untersetzer mit dem 9 cm großen Topf zusammenkleben, dabei die Plüschohren dazwischen fassen.

# Halloween

## Material

***Für jede Figur***

- Tontöpfe, 3 cm Ø, 4,5 cm Ø
- Holzkugeln, 2 cm Ø, 2,5 cm Ø

***Zauberer & Hexen***

- Bastwolle in Orange
- Chenilledraht in Schwarz
- Fotokarton in Schwarz
- Acrylfarbe in Schwarz
- Window Color in Weiß, Schwarz
- Besenhaare
- Zahnstocher
- Deko-Stern in Silber
- Alufolie
- Murmel
- Draht

***Geister***

- Holzperlen in Weiß, 6 mm Ø
- Acrylfarbe in Weiß
- Chenilledraht in Weiß
- Silberdraht, 0,4 mm Ø
- Stoff in Weiß
- Zierkette
- Plastikstreuteile „Kürbis", „Fledermaus"

Höhe ca. 5 und 7 cm

**Vorlage** 16
Seite 75

Anleitung Seite 46

**Material**

- Rosentopf, 14 cm Ø
- Tontöpfe, 1x 15 cm Ø, 6x 3 cm Ø
- 2 Unterteller, 12 cm Ø
- Figurendraht, 35 cm
- Holzkugeln, 25 mm Ø
- Stoff für Kopftuch
- Wackelaugen, 18 mm Ø
- Minikürbis, 6 cm groß
- Abaca-Locken in Schwarz
- Jutestoff in Gelb, Grün
- Deko-Besen, 18 cm
- Katze, 10 cm
- Holzstreuteil „Fledermaus“

Höhe ca. 32 cm

# Hexe

*1* Die Unterteller für den Kopf zusammenkleben, die Tontöpfe der Abbildung entsprechend zusammenfügen. Haarstrang in der Mitte zusammenbinden und auf dem Kopf befestigen. Die Haare struppig auseinander ziehen.

*2* Vor dem Aufkleben des Kopfes einen grünen Jutestreifen, 40 cm x 10 cm, über den Topf kleben, sodass der Streifen vorne und hinten gleich lang herunterhängt. Dreieckstuch, Längsseite etwa 40 cm, als Kopftuch und Halstuch, Längsseite etwa 32 cm, umbinden. Verzierungen anbringen.

# Halloween

*Abbildung & Materialangaben Seite 44/45*

*1* Zauberer und Hexen nach der Grundanleitung auf Seite 10 anfertigen, dabei bei einigen Figuren zwei Tontöpfe als Körper verwenden. Aus Bastwolle die Haare modellieren.

*2* Für die Hüte jeweils aus schwarzem Karton die Krempe und die Spitze ausschneiden. Die Spitze zu einer Tüte kleben, durch die Öffnung der Hutkrempe schieben und von unten festkleben. Aus Draht eine Brille formen, aus Alufolie Knöpfe. Aus einem Zahnstocher, Alufolie und Silberstern einen Zauberstab anfertigen. Für den kleinen Besen einige Besenhaare um einen Zahnstocher legen und mit dünnem Draht festbinden.

*3* Die Geister nach der Grundanleitung herstellen. Aus weißem Stoff kleine Stücke schneiden und um die fertige Grundfigur drapieren. Mit einigen Klebetupfern am Kopf oder Körper fixieren. Eventuell zusätzlich am Hals mit Silberdraht befestigen.

# Grusel-Skelett

**Material**

***Für jede Figur***

- Acrylfarben in Schwarz, Weiß
- Chenielledraht in Schwarz
- Kordel in Schwarz

***Kleine Figur***

- Tontöpfe, 1x 10 cm Ø, 1x 9 cm Ø, 4x 3,5 cm Ø
- Unterteller, 13 cm Ø
- Wackelaugen, 14 mm Ø
- Spinnentüll, ca. 20 x 30 cm

***Große Figur***

- Tontöpfe, 1x 15 cm Ø, 1x 13 cm Ø, 1x 12 cm Ø, 4x 5,5 cm Ø
- Unterteller, 13 cm Ø
- Wackelaugen, oval, 2 cm
- Spinnentüll, ca. 70 x 50 cm

Höhe ca. 18 und 42 cm

Anleitung Seite 50

# Geisterzeit

## Material

- Tontöpfchen, 6 cm, 4 cm Ø
- Wattekugeln, 25, 35, 40 mm Ø
- Hexenkopf, 40 mm Ø
- Kürbiskopf aus Keramik, 50 mm Ø
- Jutestoff in Gelb
- Hexenbesen, 9,5 cm
- Hexenhut, 8 cm
- Chenilledraht in Rot, Hellgrün, Weiß
- Bastelholz, 0,5 mm Ø
- Holzperlen in Orange, Weiß, Schwarz, 10 mm Ø
- Pelzrest in Schwarz
- Acrylfarben

Höhe ca. 8 bis 10 cm

1 Die Töpfchen entsprechend der Abbildung bemalen. Arme aus Chenilledraht mit Holzperlen als Hände festkleben, darauf die entsprechend vorbereiteten Köpfe fixieren.

2 Die Teufel bekommen Haare aus Pelzresten und Hörner aus Chenilledraht. Die Zacken des Dreispitzes entstehen ebenfalls aus Chenilledraht. Der Hexenkopf ist bereits fertig erhältlich, ebenso der Hut der Hexe.

# Grusel-Skelett

*Abbildung & Materialangaben Seite 48/49*

1 Die Tontöpfe der Abbildung entsprechend zusammenkleben und bemalen. Zwischen die beiden Töpfe für den Körper des großen Skeletts den Unterteller kleben. Das Gesicht gestalten.

2 Die Töpfchen für Arme und Beine auf Chenilledraht knüpfen und am Körper anbringen. Den Umhang mit Kordel umbinden.

Hui

### Material

- Tontöpfe, 3 cm Ø, 4,5 cm Ø
- Holzkugeln, 2 cm Ø, 2,5 cm Ø
- Strukturschnee in Weiß
- Acrylfarbe in Orange
- Filz in Blau, Gelb, Rot
- Watte in Weiß
- Wackelaugen, 4 mm Ø
- Lufttrocknende Modelliermasse
- Kleine Stöckchen
- Filzstift in Schwarz

Höhe ca. 5 und 7 cm

# Im Schnee

1 Aus der Modelliermasse eine Nase formen. Nach dem Trocknen mit Acrylfarbe in Orange anmalen. Strukturschnee mit einem kleinen Schwämmchen auf Kopf und Körper der Tonfigur auftupfen.

2 Die Schneemänner nach der Grundanleitung auf Seite 10 fertig stellen, dabei am unteren Rand der Figur Watte aufkleben.

# Winterzeit

*Abbildung & Materialangaben Seite 54/55*

1 Die Tontöpfe mit Strukturschnee gestalten oder mit Farbe bemalen.

2 Die Figuren der Abbildung entsprechend zusammenkleben und mit den verschiedenen Accessoires dekorieren.

# Winterzeit

## Material

***Pinguin***

- Tontöpfe, 9 cm Ø, 6,5 cm Ø, 5,5 cm Ø
- Wackelaugen, oval, 1 cm
- Acrylfarbe in Schwarz
- Strukturschnee in Weiß
- Moosgummi in Schwarz, Orange
- Fransenband in Hellblau

***Schneemann***

- Tontöpfe, 5,5 cm Ø, 4,5 cm Ø
- Holzkugeln, 1x 4 cm Ø, 2x 1 cm Ø
- Acrylfarbe in Schwarz
- Strukturschnee in Weiß
- Möhrennase, Deko-Besen
- Kordel in Weiß

***Rentier***

- Tontöpfe, 5,5 cm Ø, 4,5 cm Ø
- Holzkugeln, 1x 4 cm Ø, 2x 1 cm Ø, 1 x 3 mm Ø
- Sandstrukturfarbe in Braun
- Moosgummi in Braun
- Kordel in Braun, Glöckchen

Höhe Pinguin ca. 13 cm, Schneemann ca. 10 cm, Elch ca. 11 cm

**Vorlage** 17
Seite 75

Anleitung Seite 52

### Material

***Nikolaus***

- Tontopf, 5,5 cm Ø
- Holzkugeln, 1x 4 cm Ø, 2x 1 cm Ø in Rot, 1x 3 mm Ø
- Acrylfarbe in Rot
- Strukturschnee in Weiß
- Filz in Rot
- Watte
- Wattekugel, 1,5 cm Ø
- Kordel in Rot
- Kristallstern

***Engelchen***

- Tontopf, 5,5 cm Ø
- Holzkugeln, 1x 4 cm Ø, 2x 1 cm Ø, 1x 3 mm Ø
- Acrylfarbe in Eierschale
- Glimmer in Silber
- Sternengirlande für den Heiligenschein
- Engelshaar in Silber
- Deko-Trompete, 3 cm
- Kordel in Silber

Höhe ca. 9 cm

1 Die Töpfe bemalen. Die Figuren der Abbildung entsprechend zusammenkleben und dekorieren.

2 Die Zipfelmütze des **Nikolaus** aus einem Halbkreis mit 7 cm Ø fertigen, als Bommel eine Wattekugel anbringen.

# Räuchermännchen

*Abbildung & Materialangaben Seite 58/59*

1 In die Holzkugel für den Kopf ein Loch, etwa 7 cm Ø, schräg zur Mundöffnung bohren und auf den Rosentopf kleben, die obere Öffnung schließen, siehe Skizze Seite 76.

2 Für den **Schneemann** eine Nase aus Softknete formen. Nach dem Trocknen aufkleben und bemalen. Kopf, Körper und zwei Halbkugeln mit Dekopaste gestalten. Nach dem Trocknen das Gesicht aufmalen. Bast als Haare anbringen. Eine Filz-Jacke und einen Hut mit schmalem Hutband aufkleben; einen roten Filzschal umbinden. Die Arm-Halbkugeln fixieren. Einzelne Flecken mit Dekopaste auf Hut und Nase malen.

3 Den Kopf des **Nikolaus** mit Fleischfarbe grundieren. Das Gesicht gestalten. Die rote Filzmütze aufsetzen. Die Mitte eines 40 cm langen Aludrahtes einmal um den „Hals“ wickeln, die Enden mit einer kleinen Rundzange als Hände zu Spiralen eindrehen. Den Filzmantel aufkleben und mit weißem Rand versehen. Aus Filzrechtecken, 5,5 x 6 cm, „Ärmel“ kleben und über den Draht ziehen. Filz-Füße am unteren Rand des Topfes fixieren, einen Tannenbaum an die Spiralenhand hängen.

# Räucher-männchen

## Material

***Für jede Figur***

- Rosentopf, 9 cm Ø
- Holzkugel, 5 cm Ø
- Bohrer, ca. 7 cm Ø
- Rundstab, 8 mm Ø

***Schneemann***

- 2 Halbkugeln aus Holz, 3 cm Ø
- Dekopaste, grob
- Glitterfilz in Rot, Grün
- Filz, meliert, in Rotbraun
- Naturbast in Mais
- Softknete
- Window Color Konturenfarbe in Schwarz
- Acrylfarben in Karmin, Weiß, Orange

***Weihnachtsmann***

- Glitterfilz in Rot, Weiß, Grün
- Acrylfarben in Fleischfarbe, Karmin, Schwarz, Weiß
- Aludraht in Gold, 2 mm Ø, 40 cm lang

Höhe ca. 15 cm

**Vorlage** 18
Seiten 75 und 76

Anleitung Seite 56

# Pinguine

## Material

***Für jede Figur***

- Dekopaste, grob
- Acrylfarben in Weiß, Schwarz, Goldgelb
- Glitterfilz in Schwarz

***Großer Pinguin***

- Rosentopf, 9 cm Ø
- Holzkugel, 5 cm Ø
- Holzrundstab, 8 mm Ø

***Kleiner Pinguin***

- Tontopf, 3 cm Ø
- Holzkugel, 2 cm Ø
- Rundstab, 4 mm Ø
- Holz-Halbkugel, 4 cm Ø

Höhe ca. 6 und 15 cm

**Vorlage** 19
Seite 77

*1* Die Holzköpfe und Tontöpfe mit schwarzer Acrylfarbe bemalen und nach dem Trocknen den weißen Bauch mit Dekopaste auftupfen.

*2* Ein Stück vom Rundstab für den Schnabel, zum Beispiel mit einem Bleistiftspitzer, anspitzen und gelb bemalen. Anschließend den Stab in die Bohrung der Holzkugel einkleben.

*3* Kopf und Körper mit Silikon zusammenkleben. Eine Halbkugel mit Dekopaste betupfen, den kleinen Pinguin nach dem Trocknen der Farbe fixieren, dass er sich an die große Figur anlehnt. Augen aufmalen, Flügel und Kopf-Fleck aus Glitterfilz ausschneiden und anbringen.

# Schneemann

**Material**

- Glockentöpfe, 2x 17 cm Ø, 1x 13 cm Ø
- Tontöpfe, 2x 5 cm Ø, 4x 4 cm Ø
- Untersetzer, 10 cm Ø
- Aludraht, 3 mm Ø, 1 m lang
- Holzkugeln, 1x 30 mm Ø, 6x 15 mm Ø
- Laterne „Romanza", ca. 14 cm hoch
- Filz in Grün
- Glitterfilz in Rot
- Natur-Bast in Grün
- Modelliermasse, lufthärtend
- Dekopaste, grob
- Acrylfarben in Weiß, Türkis, Blau, Schwarz, Orange, Rot

Höhe ca. 38 cm

**Vorlagen** 14 und 20
Seiten 73 und 76

*1* Den 13 cm großen Glockentopf für die Mütze mit Acrylfarbe blau bemalen, alle anderen Töpfe und den Untersetzer für das Gesicht mit Dekopaste grundieren, dabei im Gesicht Hügel als Wangen aufbringen. Die Nase aus Modelliermasse formen, nach dem Trocknen bemalen und mit Silikon fixieren. Das Gesicht aufmalen.

*2* Auf einen 17 cm Topf eine Filzjacke mit Herz kleben. Eine 30 mm große Kugel in die Mitte eines 1 m langen Aludrahtes schieben; die Drähte von innen durch das Loch des Topfes ziehen. Die Töpfe für die Arme nach und nach aufschieben. Dabei Perlen mit 15 mm Ø als Stopper einbauen und den Draht darunter bogenförmig verbiegen, um ein Abrutschen zu verhindern. Die Enden mit einer Rundzange bzw. den Fingern zu flachen Spiralen eindrehen.

*3* Den Schneemann zusammensetzen. Die Klebestelle am Hals durch einen Schal verdecken. Haare aus Bast am Mützenrand fixieren und einzelne Schneeflecken mit Dekopaste auftragen. In das Loch der Mütze einen Bast-Büschel einkleben. Die Laterne an der Spiralenhand einhängen.

# Engelchen

## Material

***Für jede Figur***

- Glitterfilz in Weiß
- Dekopaste, grob
- Acrylfarben

***Großer Engel***

- Tontopf, 3 cm Ø
- Holzkugel, 2 cm Ø
- 2 Holzkugeln, 10 mm Ø
- Aludraht in Gold, 2 mm Ø, 20 m lang
- Bouillondraht in Mandarin, 2 mm Ø
- Holzrundstab, 4 mm Ø
- Lackdraht in Grün, 0,5 mm Ø

***Kleine Engel***

- Tontopf, 15 mm Ø
- Holzkugel, 15 mm Ø
- Bouillondraht in Rot, Mandarin, Silber, Gold, 2 mm Ø
- Transparent-Nähfaden
- Perle, 4 mm Ø
- Lackdraht in Mandarin, 0,5 mm Ø

Höhe ca. 3,5 und 5 cm

**Vorlage** 21
Seite 77

1 Die Engelchen der Abbildung entsprechend gestalten.

2 Für den **großen Engel** den unteren Rand des Topfes sowie zwei Kugeln mit 10 mm Ø mit Dekopaste betupfen und trocknen lassen. Einen 20 cm langen Aludraht einmal mit der Mitte um den Hals wickeln, jeweils eine bemalte Kugel aufschieben, fixieren und anschließend die Enden des Drahtes zur Spirale eindrehen. Haare aus Bouillondraht in der Bohrung der Kopf-Kugel fixieren. Ein Namensschild in den Spiralen festklemmen.

3 Bei den **kleinen Engeln** Holzkugel-Kopf und Tontopf mit Lackdraht verbinden. Dabei verhindert eine Perle das Durchrutschen des Drahtes, Perle mit Klebstoff fixieren. Bouillondraht als Haare in die Bohrung der Holzkugel stecken. Dabei den Draht leicht dehnen, viele Abschnitte in der Mitte zusammenfassen und miteinander verdrehen, das verdrehte Stück knicken und in die Bohrung einschieben. Einen 10 cm langen Lackdraht mit der Mitte einmal um den „Hals" wickeln. Die Enden als „Hände" zu Spiralen eindrehen. Schals aus Bouillondraht und Flügel aus Filz fixieren.

# Viel Glück!

*Abbildung & Materialangaben Seite 66/67*

1 Die Glücksschweine nach der Grundanleitung auf Seite 10 anfertigen. Aus Fimo die Ohren, Schnauzen und Arme der Schweine modellieren. Schweinchen auf einen mit Alufolie belegten Teller stellen und im Backofen 10 Minuten bei 120 Grad C aushärten. Wichtig ist es, die Figuren nicht länger im Ofen zu lassen und nicht bei höherer Temperatur zu backen, weil sich Fimo sonst verfärbt.

2 Die Schornsteinfeger nach der Grundanleitung der Abbildung entsprechend gestalten.

Monika
Anna

# Viel Glück!

## Material

***Für jede Figur***

- Tontöpfe, 3 cm Ø, 4,5 cm Ø
- Holzkugeln, 2 cm Ø, 2,5 cm Ø
- 1-Cent-Stücke
- Heißkleber

***Schornsteinfeger***

- Holzperlen, 6 mm Ø
- Chenilledraht in Schwarz
- Deko-Zylinder, 2,5 cm Ø
- Deko-Band, kariert, 5 mm breit, 10 cm lang
- Plastikstreuteile „Kleeblatt"
- Kleine Plastik-Marienkäfer
- Hanf
- Acrylfarbe in Schwarz
- Window Color in Rot

***Glücksschweine***

- Acrylfarbe in Hautfarbe
- Fimo in Hautfarbe
- Window Color in Weiß, Schwarz
- Holzstreuteile „Kleeblatt"

Höhe ca. 5 bzw. 7 cm

Anleitung Seite 64

# Vorlagen

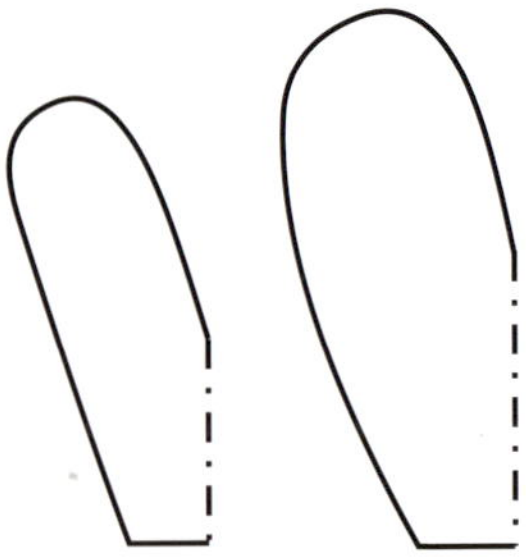

1

2

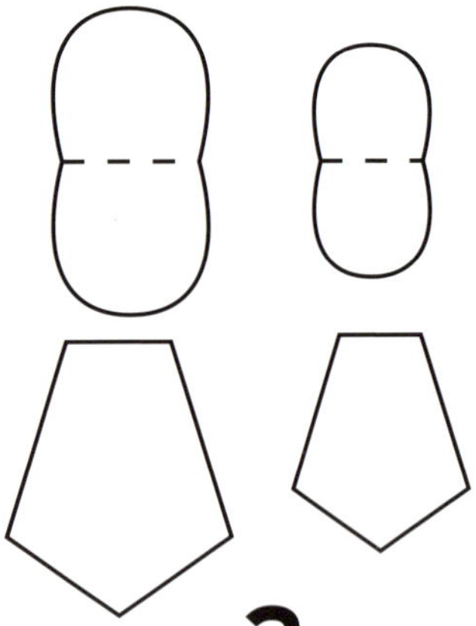

3

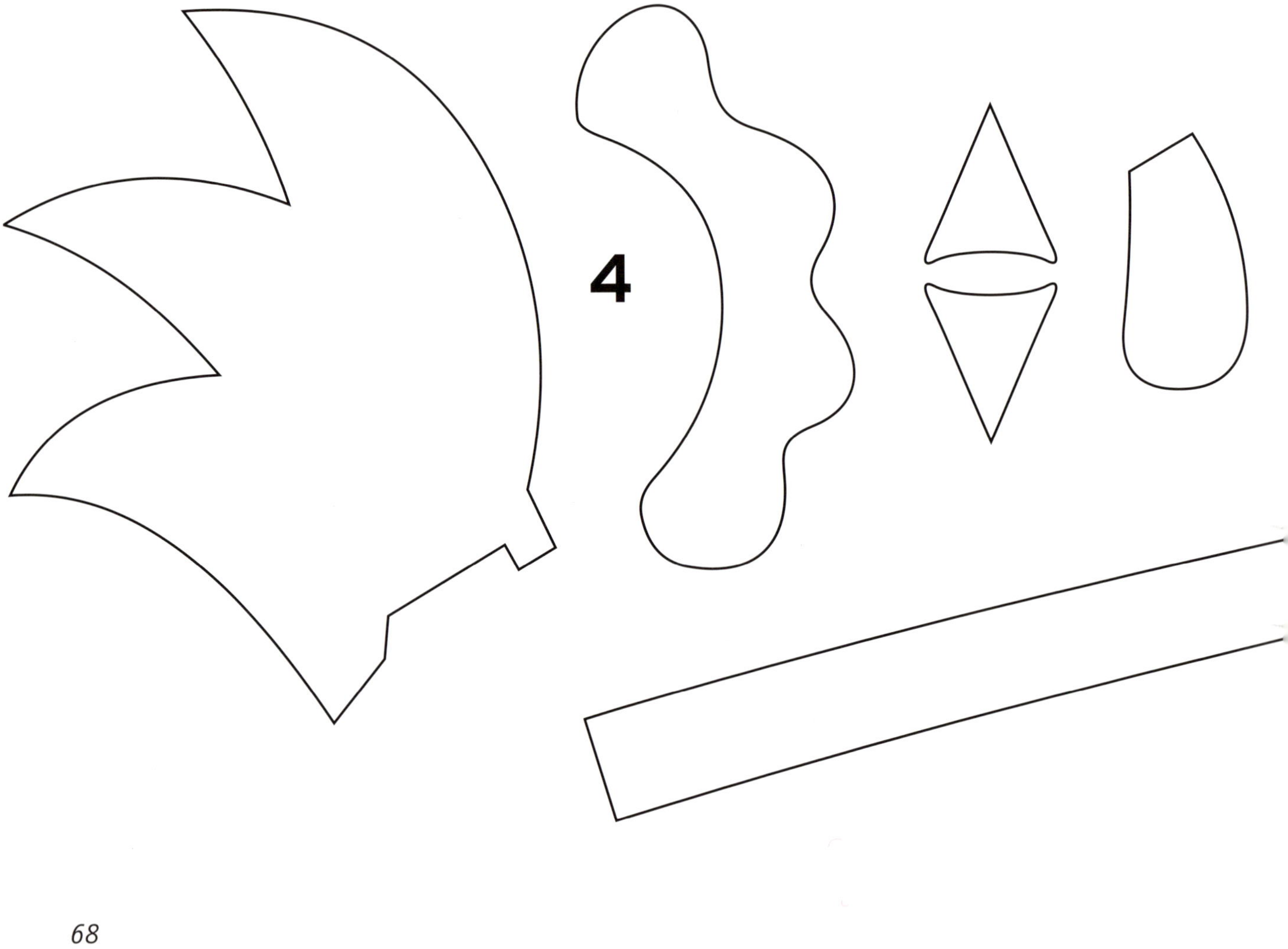

4

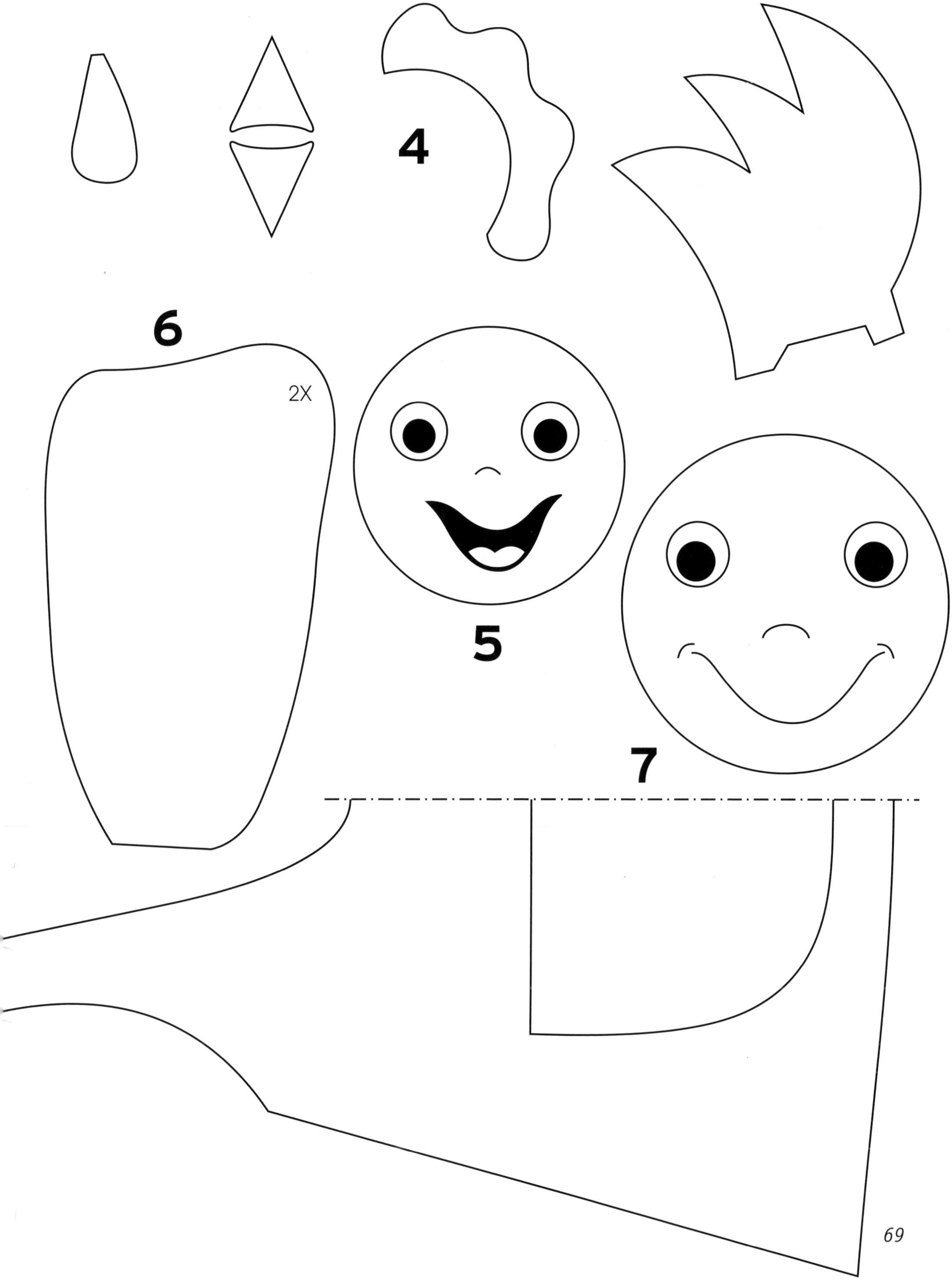
4
6
2X
5
7

11

8

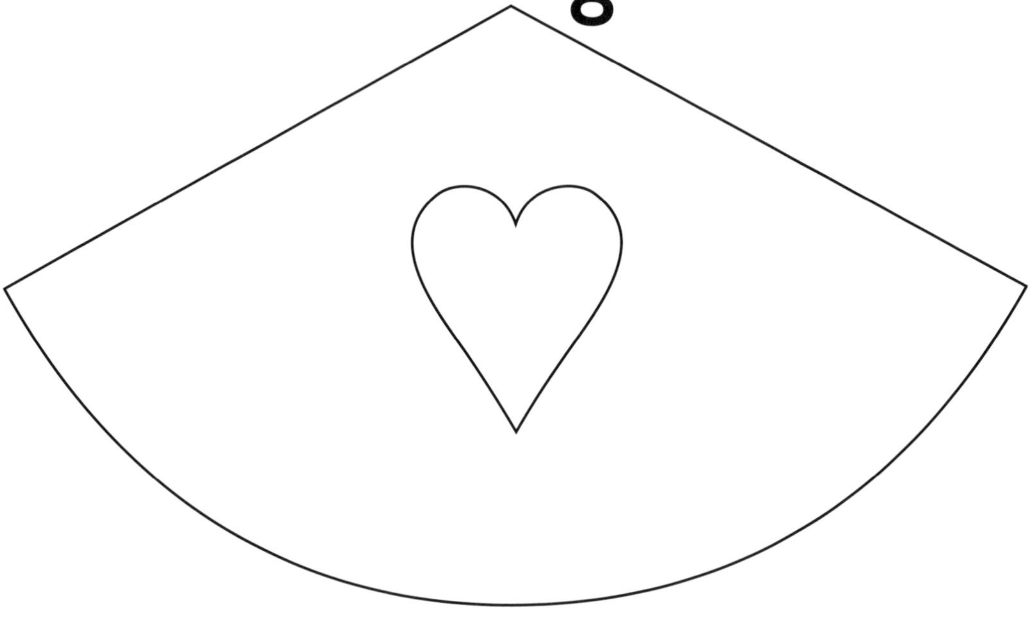

9

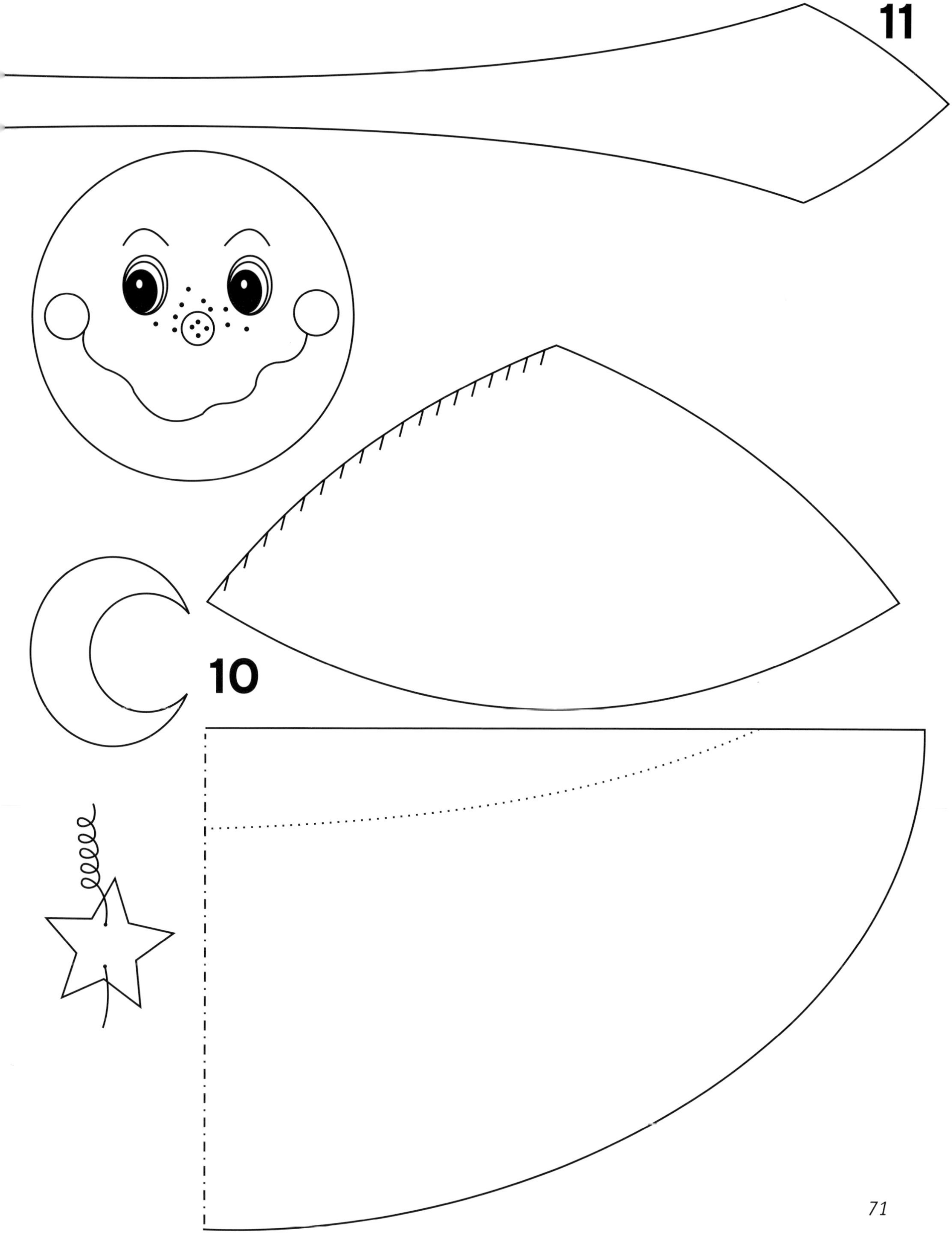

11

10

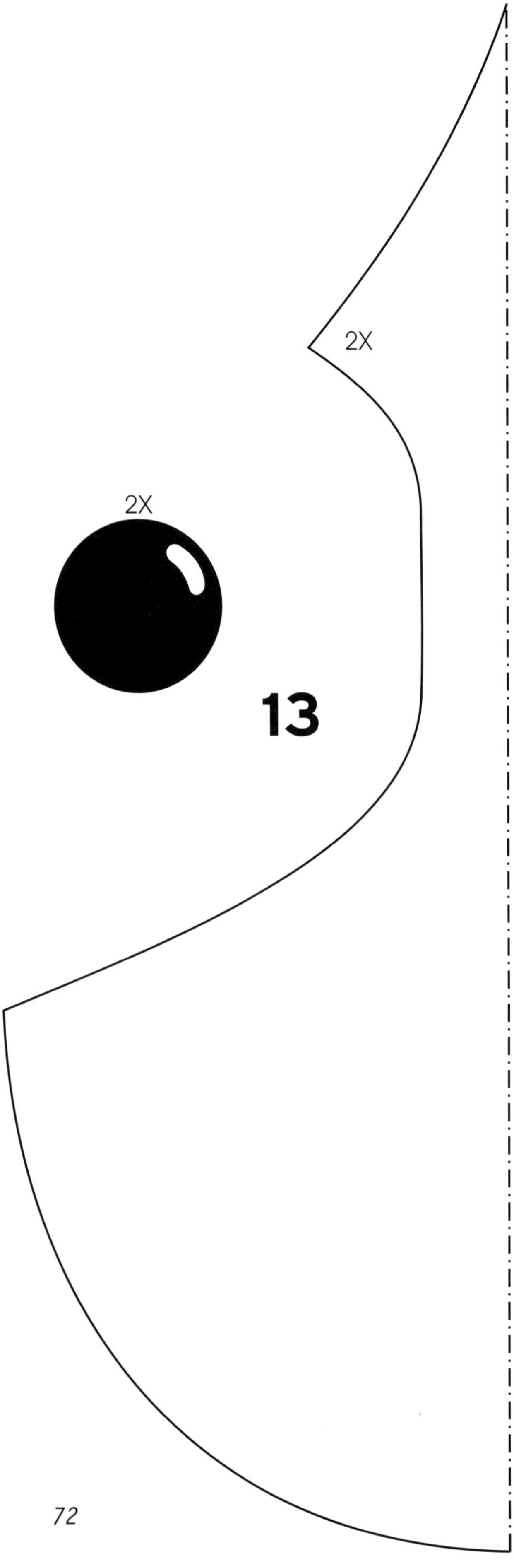
2X
2X

13

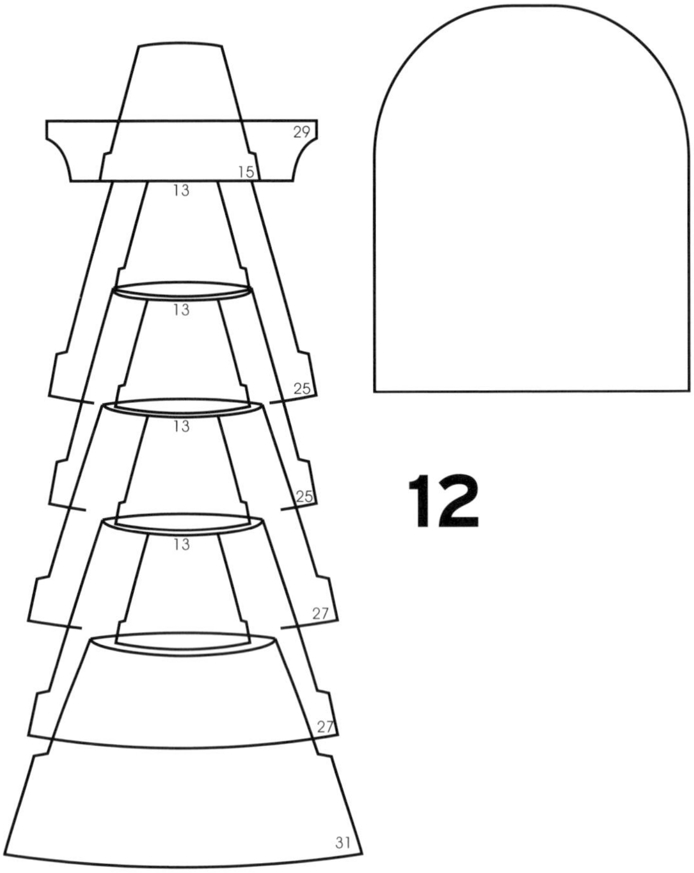
29
15
13
13
25
13
25
13
27
27
31

12

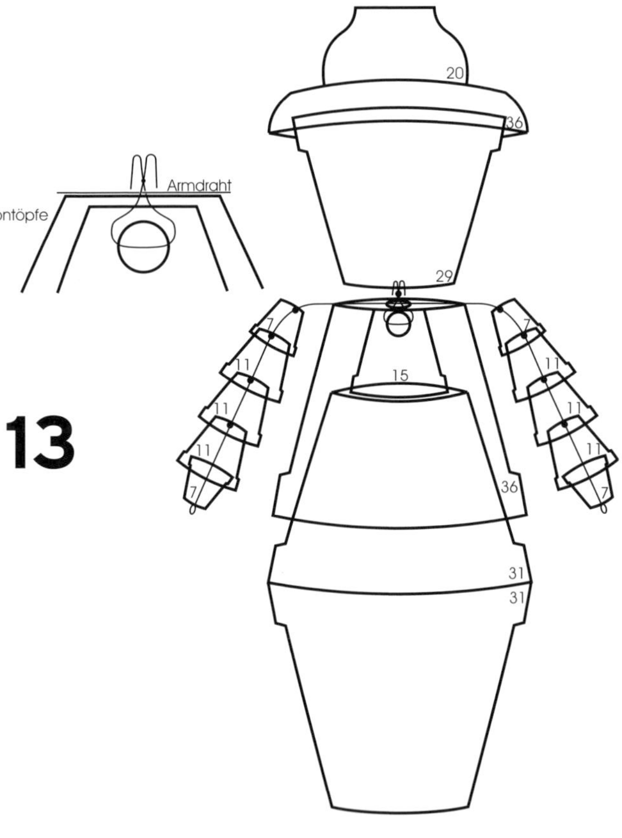
Armdraht
Tontöpfe
20
36
29
15
7
11
11
11
7
7
11
11
11
7
36
31
31

13

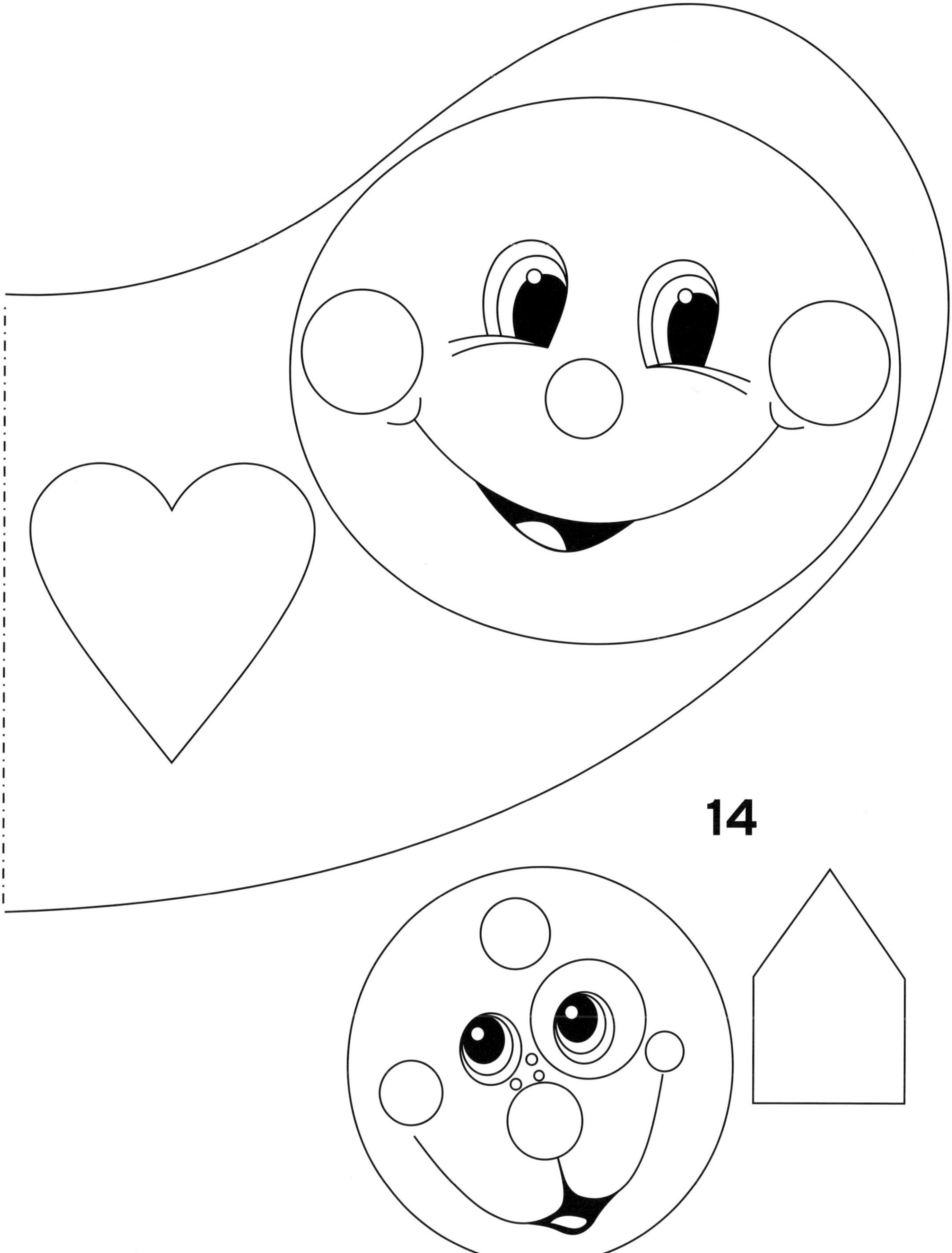

14

14

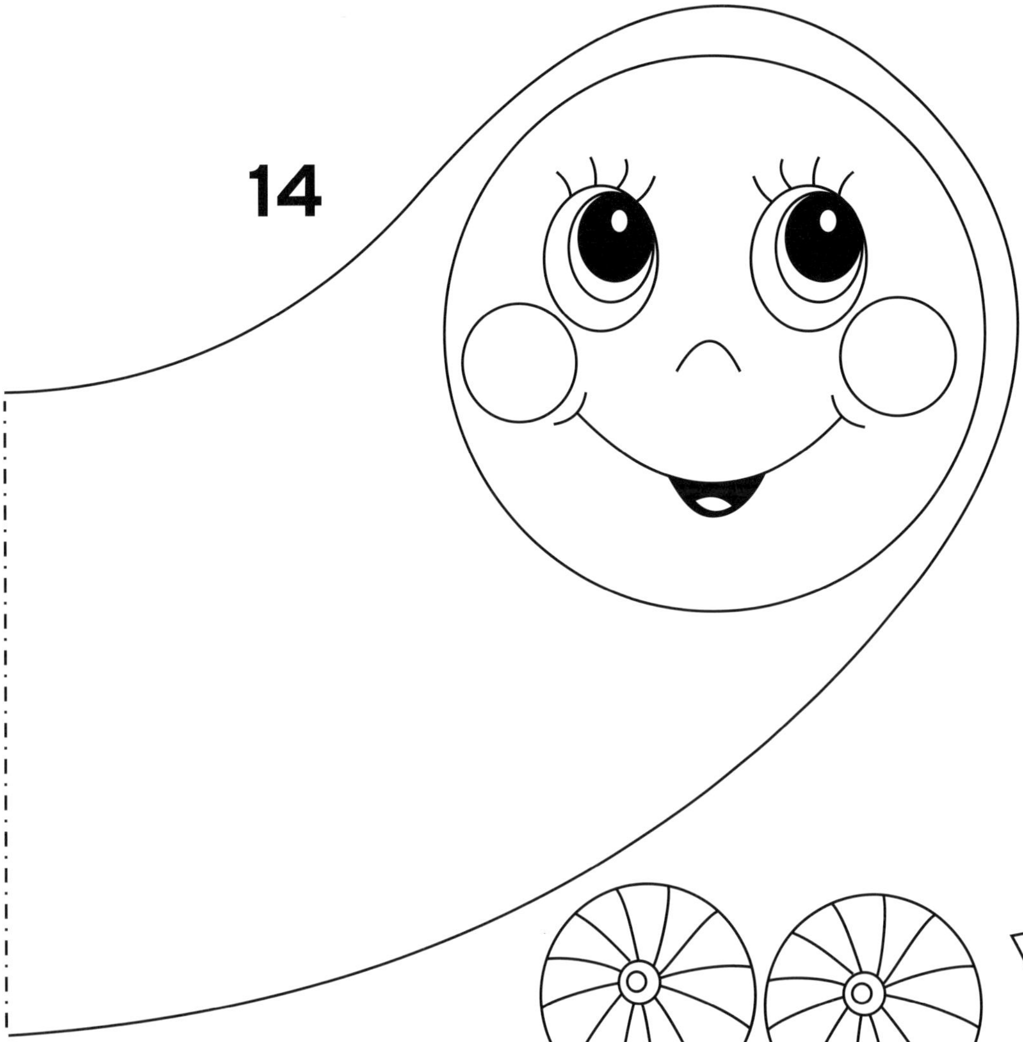

15

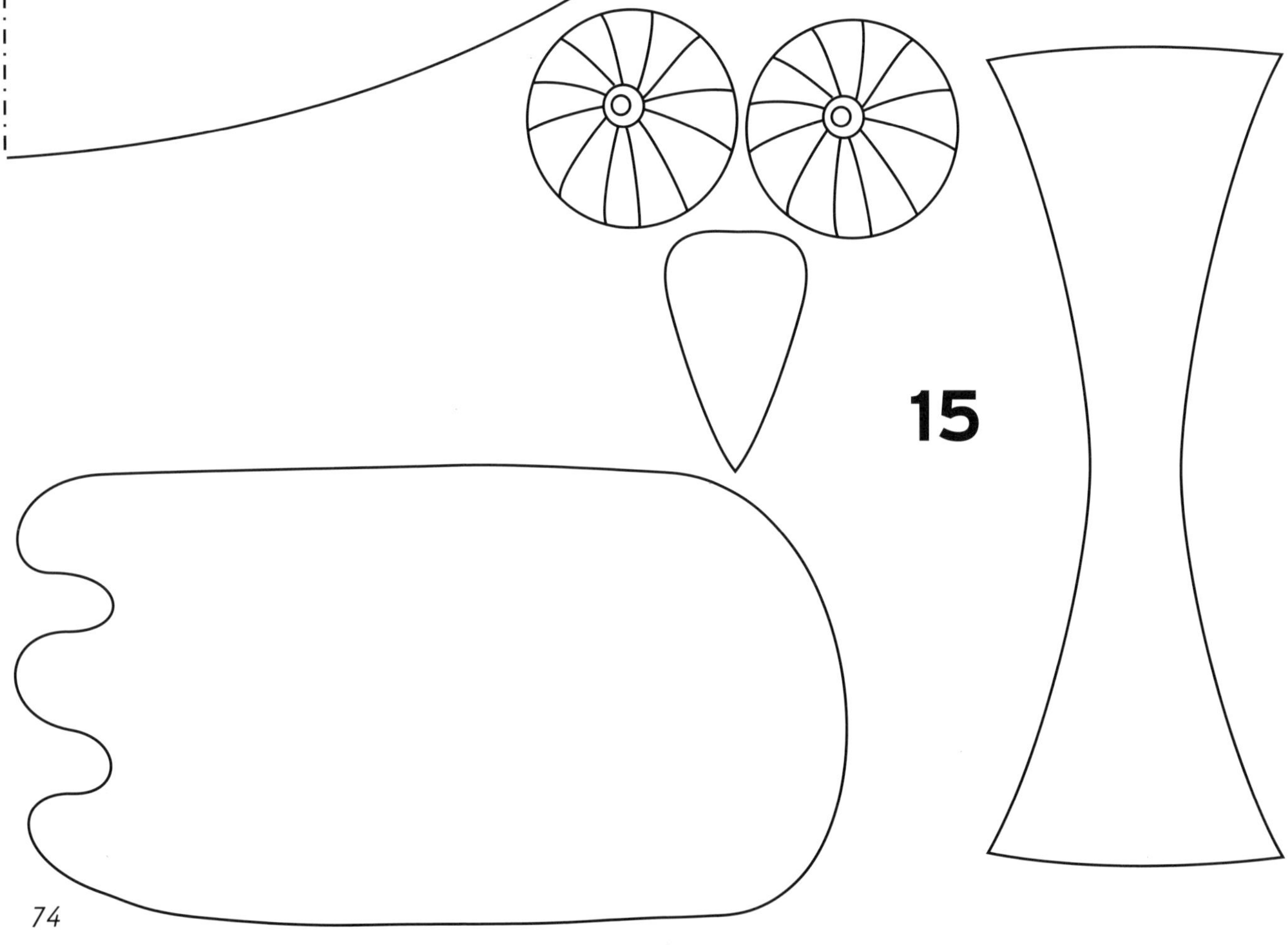

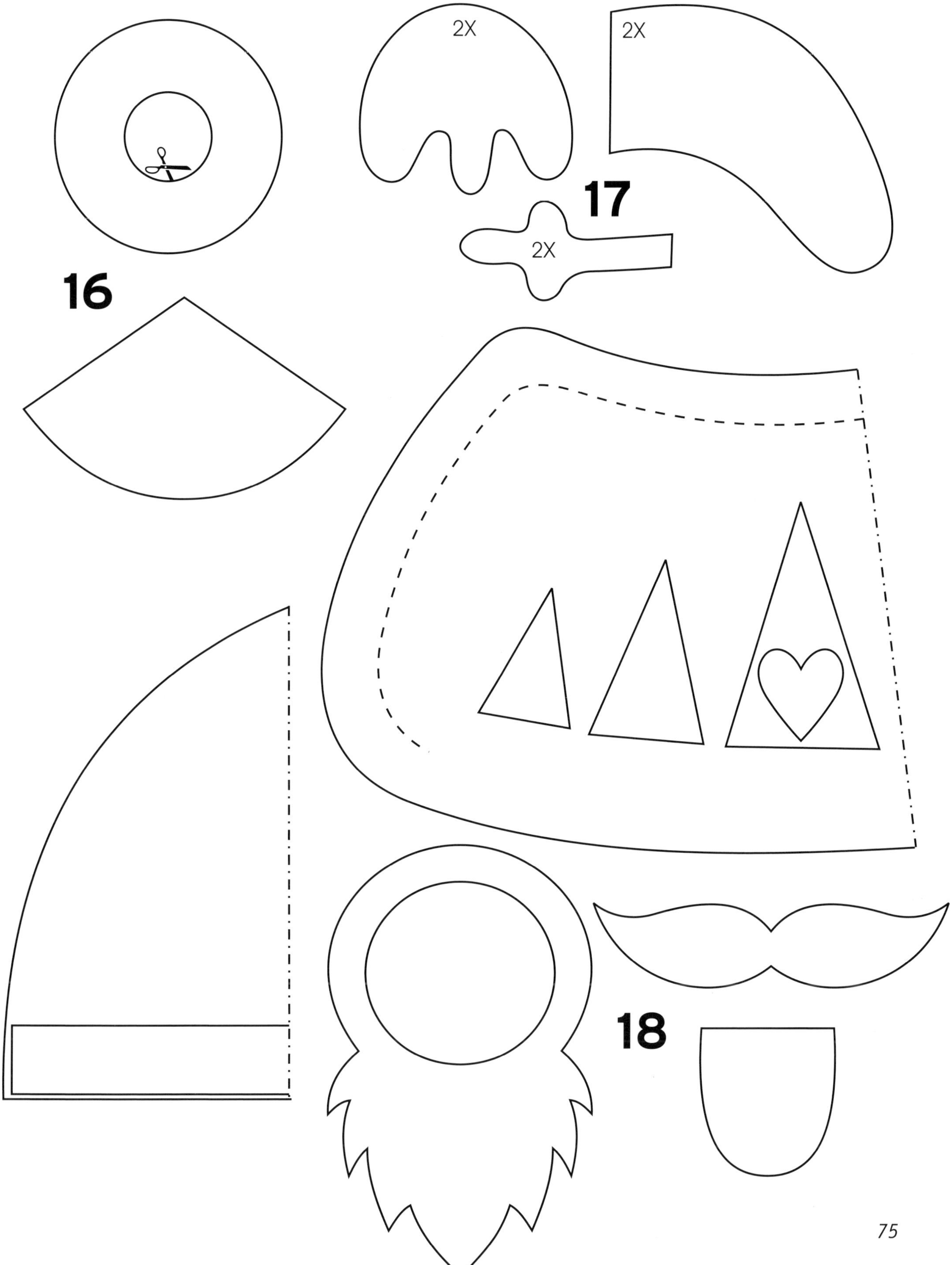
2X
2X
17
2X
16
18

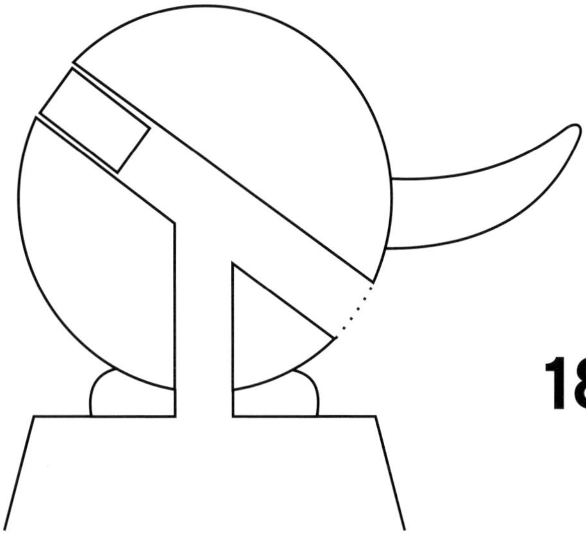

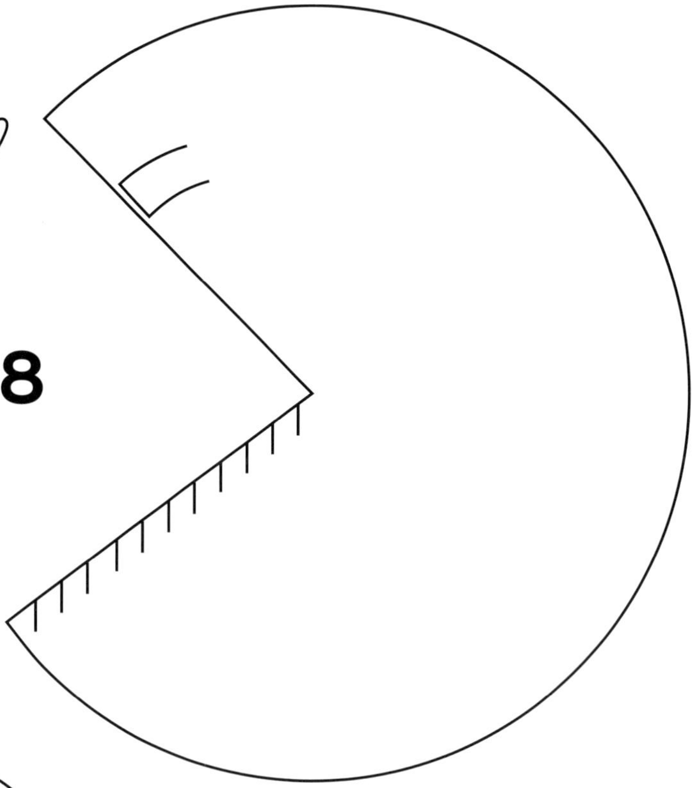

**18**

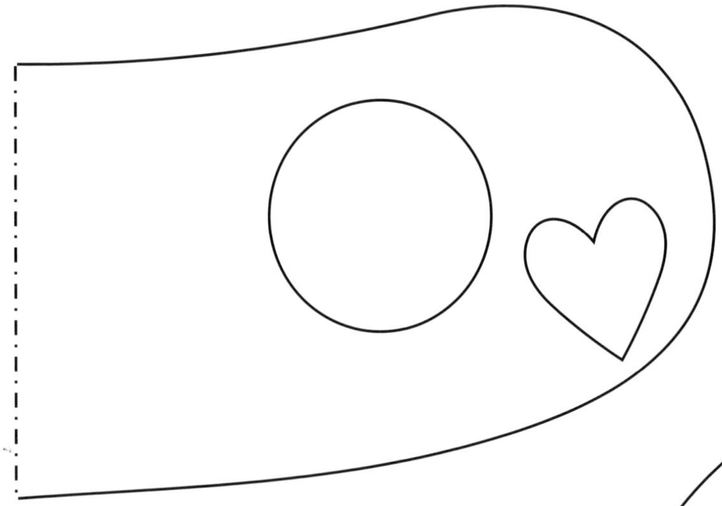

**20**

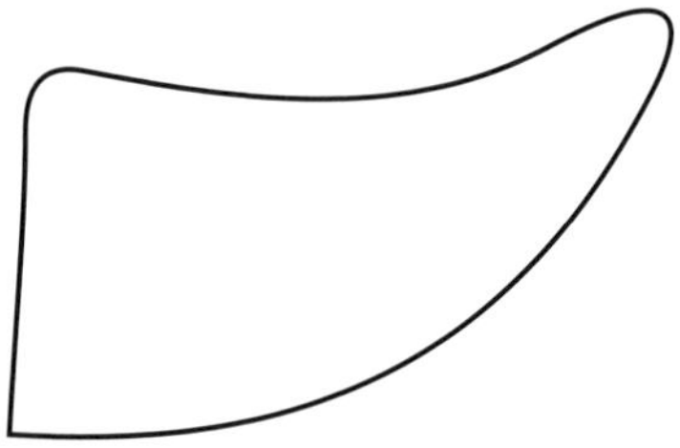

19

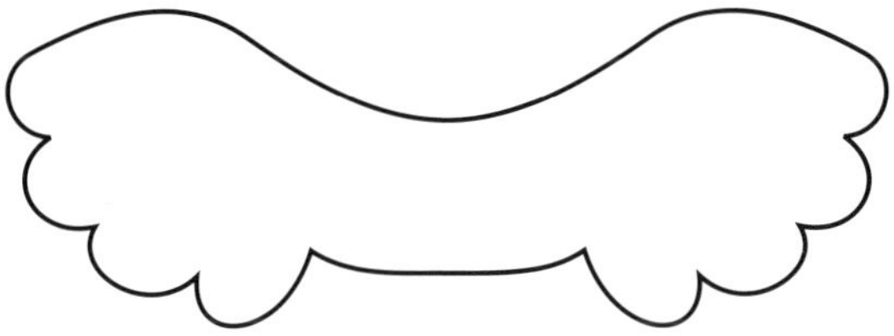

21

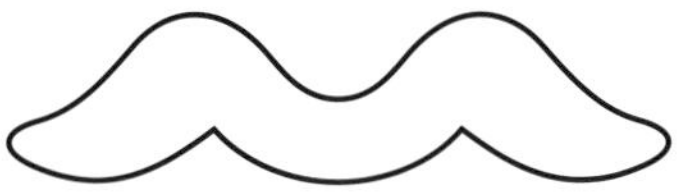

## Impressum

**Autorinnen:**

Erika Bock, Seiten 18 – 29, 34 – 39

Monika Fischer, Seiten 12 – 15, 44/45, 52/53, 66/67

Gudrun Hettinger, Seiten 30/31, 42/43, 46/47, 50/51

Monica Hill, Seiten 48/49, 54 – 57

Ingrid Moras, Seiten 16/17, 32/33, 40/41, 58 – 65

**Abbildungen:**

Roland Krieg, Seiten 12 – 15, 44/45, 52/53, 66/67

Christoph Schmotz, Titelbild, 16 – 43, 46 – 51, 54 – 65


Freiburg im Breisgau
www.christophorus-verlag.de


Printed in Belgium
ISBN 3-419-53626-7



**Layout-Entwurf:** Network!, München

**Gesamtproduktion:** art und weise, Merzhausen

**Druck:** Proost, Turnhout 2003